AF816855

Esto no es sólo un jodido libro de cocina ISBN 9788411744133 ©Grete Garrido, 2023
Impresión y editorial: BoD – Books on Demand
info@bod.com.es - www.bod.com.es
Impreso en Alemania – Printed in Germany

FSC
www.fsc.org
MIXTO
Papel procedente de fuentes responsables
Paper from responsible sources
FSC® C105338

ESTO NO ES SÓLO UN JODIDO LIBRO DE COCINA

La vida no es fácil, la vida puede ser incluso puñetera y desconcertante pero tenemos al menos una certeza: en ocasiones, tenemos hambre.

Gracias a este libro que ahora posees, probablemente lo único de valor que dejarás a tus nietos, cocinarás y te plantearás cuestiones vitales de tu existencia que arrastrabas como alma en pena sin dejarte avanzar en tu ya de por sí enrevesado camino.

Son recetas sencillas pero de una profundidad y valor incalculables.
Cocinarás para toda una semana (primero, segundo y postre, que aquí o comemos como señores o no comemos), platos que están pensados para transformar tu jodida vida y empezar a comer como tú te mereces.

Así que venga, desempolva las sartenes, borda tus iniciales en el delantal e iniciemos juntos este viaje culinario de no retorno.

Grete Garrido.

CALABACINES RELLENOS DE CARNE

(PARA 4 PERSONAS)

4 CALABACINES
500G DE CARNE PICADA DE TERNERA Y CERDO
1 CEBOLLA
2 DIENTES DE AJO
1 PIMIENTO ROJO
200G DE TOMATE TRITURADO
QUESO (A TU ELECCIÓN)
SAL Y PIMIENTA
ACEITE DE OLIVA

Para hacer esta receta es realmente imprescindible que te pintes las uñas de los pies de color fucsia. Esto creará un clima de confianza y respeto entre tú y los calabacines y la receta fluirá alegremente, como el agua de los ríos avanza graciosamente hacia el mar.

Verás que los calabacines te miran ya de otro modo y será el momento de ponerse manos a la obra.

Corta los calabacines por la mitad longitudinalmente o hablando para que tú me entiendas, a lo largo. De cada pieza, sacarás dos partes iguales. Hazles unos cortes en forma de rejilla por toda su pulpa, echa un chorrito de aceite sobre ella e introdúcelos en el horno, previamente calentado a 180ºC.

Mientras se cocinan (tardarán en torno a 20 minutos), desde un teléfono público marca un número de teléfono al azar y cuando descuelguen di: "aunque lo he intentado, nunca pude olvidarte" y después cuelga sin dar pie a nada más. Acabas de cambiar una vida para siempre, si es para bien o para mal, ya no está en tu mano.

Después de esto, prepara el consabido sofrito: en una sartén pon un chorrito de aceite a calentar a fuego medio, añade los dientes de ajo, la cebolla y el pimiento picados.

Salpimenta y ve removiendo con frecuencia, mientras dejas que se cocinen unos 15 minutos. Empiezas a dudar si ese número escogido al azar no era el de tu primer amor y has abierto la caja de Pandora. La duda está ahí pero tienes que seguir impasible con la receta.

Pasados los 15 minutos, añade el tomate triturado y deja cocinar otros 5 minutos más, siempre a fuego medio. La voz parecía la misma pero sería demasiada casualidad.

Ahora añade la carne picada que, en realidad puede ser de lo que más te guste pero por favor deja la carne de los vecinos intacta. Desmenuza la carne con la ayuda de la cuchara y ve mezclando con el resto de la verdura, a temperatura ya más alta. Más o menos al nivel de tu preocupación con la maldita llamada. Si estuvieras en lo cierto y era tu primer amor, tú no has abierto la boca y nadie te puede reconocer. Tranquilidad.

Pasados otros 5 minutos, cuando la carne haya cogido colorcito, añade la pulpa del calabacín. Al estar previamente horneada, saldrá con facilidad con la ayuda de una cuchara. Rectifica de sal y pimienta, de lo de la llamada ya no puedes rectificar, y deja cocinar todo el conjunto 5 minutos más.

Rellena de nuevo cada calabacín. Generosamente, total, has echado tu vida a perder, ya qué más da todo y al final, tiene que caber todo el relleno en los calabacines.
Hecho esto, espolvorea con tu queso favorito, ese que guardas en el bolso y te llevas a todas partes y vuelve a introducirlos al horno, a 200ºC. Déjalos ahí hasta que el queso se derrita.

Sí, ahora puedo decirlo, era tu primer amor, todo estaba calculado años atrás, tu vida, que tenías perfectamente armada se desmorona, dudas de todo...

Sólo te queda una certeza: estos calabacines te han salido de muerte.

MOMENTO JODIDO - EVALÚA TU CRIATURA:

- INTRAGABLE. ☐
- EL MUNDO ESTABA MEJOR SIN ESTA BASURA. ☐
- TRIUNFO. FOTO Y A ENMARCAR. ☐

PAD THAI

(PARA 4 PERSONAS)

210 GRAMOS DE NOODLES DE ARROZ
5 GAMBONES
AJETES
2 CEBOLLETAS
1 PAQUETE DE SETAS VARIADAS
1 CUCHARADA DE AZÚCAR DE PALMA
1 CUCHARADA DE SALSA DE PESCADO
2 CUCHARADAS DE PASTA DE TAMARINDO
CACAHUETES
1 PAQUETE DE TOFU
SALSA DE SOJA
LIMA

Los ingredientes son toca pelotas pero el resultado merece la pena y total, reconoce que tu vida es un poco coñazo e ir en busca de la pasta tamarindo te va a dar vidilla, ya lo verás.

En una cacerola pon a fuego lento a reducir la pasta de tamarindo. Sí, te ha costado un huevo encontrarla y ahora ¿para qué? ¿para reducirla? sí, la vida es dura, la vida es injusta y yo tampoco le veo ya sentido a nada. Lo dicho, reduce la maldita pasta tamarindo y la salsa de pescado, el azúcar de palma (si no tienes, que algo me dice que no, puedes poner azúcar moreno, no de música de fondo, que ya puestos por qué no, si no el assssúcar que es marroncito) y un poquito de salsa de soja.

Deja reducir la salsa con tanto mimo como los jíbaros reducen las cabezas porque la mezcla resultante será con la que aderezarás tu jodido pad thai.

En un wok saltea las verduras, saltéate un poco tú también que tenemos que acabar con esas lorzas, comenzando con los ajetes y (la abuela) cebolleta. En realidad puedes poner las verduras que te salgan de las narices. En serio, después de lo de la pasta de tamarindo te has ganado este momento de anarquía y despendole. Al pad thai, como a George Clooney, todo le queda bien.

Agrega las setas a continuación. No pongas sal porque la salsa ya la lleva y ya sabes lo que me preocupa tu hipertensión.

Vuélvete loco y échale los gambones y el tofu. Como te has venido muy arriba escuchando a Azúcar Moreno, sigues cocinando las verduras extremandamente motivado y decides que es el momento ideal para leer las líneas de tu mano. Compruebas aterrado, que tu mano no tiene líneas y por lo tanto, como decía tu padre cuando se mosqueaba, no tienes futuro.

Disimula como si eso no te importara y cuece los noodles de arroz el tiempo que te ponga el fabricante, no es momento de hacer experimentos. Como a pesar de que no tienes futuro, en esta receta estamos un poco atrapados por las Azúcar Moreno y su espíritu de que sólo se vive una vez, un, dos, tres, caramba, te informo, para que al menos con esto te relajes, de que puedes utilizar noodles, tallarines de arroz... o lo que más te ponga. Viva el amor libre.

Se está gestando un gol y con gran orgullo y satisfacción echas la pasta al wok junto con la salsa y los cacahuetes.

Lo salteas todo, incluida a tu abuela, que preocupada por lo de tu no futuro, se ha apuntado a última hora a cenar y lo sirves todo con gracia y desparpajo y con un poco de lima y cilantro.

Resultado: Un pad thai de escala Oh-my-god.
No hay futuro. Vivamos el presente que es lo único que importa.

MOMENTO JODIDO - EVALÚA TU CRIATURA:

- INTRAGABLE. ☐
- EL MUNDO ESTABA MEJOR SIN ESTA BASURA. ☐
- TRIUNFO. FOTO Y A ENMARCAR. ☐

BROWNIE DE CHOCOLATE CON NUECES

(PARA 4 PERSONAS)

200G DE CHOCOLATE NEGRO
200G DE MANTEQUILLA
150G DE AZÚCAR
3 HUEVOS
125G DE HARINA
125G DE NUECES TROCEADAS
1 CUCHARADA DE ESENCIA DE VAINILLA

En una cazuela tan pequeña como los ahorros para tu jubilación, coloca el chocolate cortado en trozos y la mantequilla. Lo calientas al baño maría, que es una cosa que te va a explicar nuestro amigo Google en cuanto le preguntes, porque yo paso de explicártelo y dejas que se funda durante 5 minutos.
No te quedes dormido con los vapores y remueve de vez en cuando con una espátula hasta que todo se haya fundido por completo. Retira del fuego y mientras miras esa delicia con ojos de cordero *degollao*, deja que se enfríe un poco.

En un bol grande añade los huevos y el azúcar y bate con unas varillas hasta que la mezcla sea completamente homogénea. ¿Lo tienes? pues añade al bol la mezcla de chocolate y mantequilla, junto con la cucharada de esencia de vainilla, que parece una gilipollez, pero no lo es y lo mezclas todo de nuevo.

Cuando tengas una masa homogénea y los abdominales del mismísimo Thor, pones sobre el bol un colador y sobre tu cabeza, otro. Sobre el que has puesto en el bol, echa la harina y la tamizas que es lo que pasa cuando pasas harina por un colador, que hay que explicártelo todo. Después añade las nueces ¡atención! parcialmente trituradas y mezcla todos los ingredientes.

Ahora viene la parte divertida en la que guarreamos un poco, cosa que siempre te produce cierto placer: unta un molde para postres con un poco de mantequilla, procura pintar absolutamente toda su superficie, si te sale un Guernica, mala suerte, lo borras y me pintas algo más homogéneo que aquí lo importante es el *brownie* no tus dotes artísticas.

El molde mejor si es cuadrado, que aquí somos muy puristas, y tiene que ser lo suficientemente ancho como para que te quede una capa de masa de unos 3 ó 4cm de espesor, el que avisa no es traidor. Ah y hazme otro favor, espolvorea también un poco de harina. *Spoiler*: con esto buscamos que, al desmoldar el *brownie*, no se nos pegue y salga con facilidad, es increíble lo que un poco de harina puede hacer por nuestras vidas y por nuestros *brownies*.

A continuación vas a verter la masa en el molde, sé que es imposible contenerte y has metido el dedazo ya varias veces y de lo que habías preparado ya sólo te queda la mitad, lo asumimos y aprendemos la lección para la próxima vez que hagamos los jodidos *brownies*. Con lo que buenamente hayas dejado, introduces el molde en el horno y dejas que se cocine a 180°C durante 25 minutos.
Pasado ese tiempo, pincha con un palillo, pero no el que tenías en la boca, otro limpio y más largo, el *brownie*. Si sale limpio, estará hecho y podrás sacarlo.

Da un paso atrás y contempla tu obra. Esto es muy fuerte. Nadie daba un duro por ti y mírate ahora. Momento selfie.

Cuando se enfríe por completo podrás desmoldar tu acojonante *brownie* de chocolate con nueces y ya estará listo para ponerte gocho.
Si en otra vida fuiste un poco foca, como yo, puedes servirlo acompañado de helado, nata, sirope de chocolate o como te salga de las narices, que para eso es tu *brownie* y haces con él y con tu vida lo que te da la maldita gana.

MOMENTO JODIDO - EVALÚA TU CRIATURA:

- INTRAGABLE. ☐
- EL MUNDO ESTABA MEJOR SIN ESTA BASURA. ☐
- TRIUNFO. FOTO Y A ENMARCAR. ☐

ENSALADA DE HIGOS

(PARA 4 PERSONAS)

200 GRAMOS DE HIGOS
MOZZARELLA
JAMÓN IBÉRICO
200 GRAMOS DE TOMATES CHERRY
SAL
PIMIENTA
MIEL
ACEITE DE OLIVA
1 TOQUE DE VINAGRE
1 CUCHARADITA DE MIEL
MENTA FRESCA

De todos es sabido que te lo pasas todo por el higo y por eso hoy vamos a sacar provecho de la situación y hacer algo productivo con tu desgana: esta ensalada original a la par que elegante que te va a chiflar y de paso, a sacudir tu apatía. Vamos con ella.

Lo primero será pelar los higos, vamos, es mi consejo pero hay *colgaos* a los que le gusta con piel y todo, hay mucho loco suelto y eso me preocupa. Yo en concreto le quito el pedúnculo (sí, es la palabra que estabas buscando para el cuadro de *petit point* que vas a poner en el salón de tu casa) y los pelos, sí, tienen y más que alguno que yo me sé. Los reservas.

Deja de mirarte las entradas y las calvas que están tomando el campo de batalla de tu hermosa cabeza, la vida es dura pero estamos cocinando y ahora viene el momento de cortar la mozzarela en trocitos. La mozzarella la puedes pillar en bolitas o comprar un par de mozzarellas frescas y cortarlas tú mismo, que sabemos que eres capaz de eso y de mucho más.

En un bol pon los higos cortados, los tomates cherry, la mozzarella y el jamón cortado en tiras. He puesto ibérico pero sé que has pillado el tipo chicle indesgastable que estaba de oferta.

Llena un vaso de agua, métetelo en la boca pero no te lo tragues, tápate la nariz e intenta que salga el agua por la orejas. ¿Ya? ok, podemos continuar.

Para la vinagreta: mezcla aceite de oliva, sal, pimienta, miel y un toque de vinagre. Mezcla muy bien y con esa chulería que sólo tú tienes y aliña tu súper ensalada con ella.

Termina echándole menta fresca por encima para darle un toque fresco y porque a veces tu aliento deja un poquito que desear, te lo digo como colega sincero pero con buena intención.

Te ha quedado para Snapchat. Las cosas, como son.

MOMENTO JODIDO - EVALÚA TU CRIATURA:

- INTRAGABLE. ☐
- EL MUNDO ESTABA MEJOR SIN ESTA BASURA. ☐
- TRIUNFO. FOTO Y A ENMARCAR. ☐

FALDA DE TERNERA RELLENA AL HORNO

(PARA 4 PERSONAS)

1 FALDA DE TERNERA DE ALREDEDOR DE 800G
150G DE CARNE PICADA (PUEDE SER DE CERDO, MIXTA O DE TERNERA)
1/2 CEBOLLA
1 DIENTE DE AJO
150G DE BACON EN LONCHAS
150G DE QUESO CURADO O SEMICURADO
25G DE PASAS
VINO BLANCO
SAL Y PIMIENTA
ACEITE DE OLIVA

Esto es muy serio y debes leer tu horóscopo primero para ver si las estrellas están bien alineadas o no para realizar una receta de falda de ternera rellena al horno. Si el horóscopo no te lo especifica expresamente y no menciona que es el día de la falda rellena, mejor no lo hagas. Este consejo es muy importante.

Si el día es el apropiado, prepárate para alucinar: una hora antes de preparar la receta, pon las pasas en un vaso y añade 150ml de vino blanco. ¡Bieeeen! sé cuánto te gustan las recetas con vino blanco y lo que disfrutas catándolo cada 5 minutos Estas pasas medio alcohólicas pero que afirman que pueden dejar el alcohol cuando quieran, van a absorber parte del vino y con ello su sabor, lo cual es tentador para ti pero vas a ser fuerte y no te las vas a zampar.

Pasado ese tiempo saca las pasas y reserva el vino sobrante para utilizarlo más adelante. Yo te lo aviso, lo vas a necesitar,

En un bol, coloca la carne picada y la salpimentas.
Añade la cebolla y el ajo, ambos picados muy finos, y las pasas alcohólicas.
Mezcla, ayudándote con las manos, las tuyas o las del cartero que ha subido a entregarte un paquete urgente, hasta que todos los ingredientes queden bien repartidos por la carne.

Sobre una superficie plana, coloca bien abierta y en todo su esplendor la falda de ternera y la salpimentas por ambas caras.

Espero sinceramente que no hayas tocado el vino porque esto necesita mucha concentración: sobre uno de los extremos, coloca las lonchas de bacon, repartidas por su superficie ¡pero! sin sobrepasar el centro de la misma. *Spoiler*: así evitas que el relleno rebose la carne una vez enrollada, ya que esto estropearía el plato en el horneado y no queremos escuchar los ooooooh de todos los vecinos que tienes asomados a la ventana preparados para criticar cada paso que das, en la vida y en la elaboración de este jodido plato.

Hecho esto, corta el queso en lonchas finas y lo repartes por encima del bacon. Sobre las lonchas de queso, extiende también la mezcla de carne picada, bien repartida y ¡siempre sin sobrepasar la mitad de la falda de ternera!

Cuando hayas colocado tooooodos los ingredientes, llega el momento crítico y en el que todos hemos depositado nuestras esperanzas sobre ti, es un pequeño paso para la humanidad pero uno inmenso para un negado en la cocina como tú: enrolla la ternera desde el extremo donde has colocado todos los ingredientes, procurando que estos no se salgan y que queden bien compactos. No es fácil y nadie dijo que lo fuera, aún así, hay una perturbación en la fuerza que me dice que lo estás haciendo bien.

Ahora vas a introducir el relleno en la red de hornear. Este es otro momento histórico e histérico a partes iguales pero muy necesario para evitar que se nos abra el maldito invento en el horno.
La forma más sencilla de introducirlo es colocando la red en tu muñeca a modo de pulsera, agarrando con las dos manitas la ternera y desenrollando la red sobre ella, hasta que todo el relleno quede dentro de la red.

Conviene también anudar los extremos y cerrarlos bien con la carne para que el queso no rebose al deshacerse. Te tiemblan las manos y es comprensible, una vez metes una carne en una redecilla la vida ya no vuelve a ser la misma.

Venga, te dejo que te sirvas una copita de vino y brindes por tu hazaña.

Salpimenta de nuevo el relleno y colócalo en una fuente para hornear.

Como estás de subidón y con otra redecilla en la cabeza sujetando tus rulos, vas a regar tu obra de arte culinaria con el vino blanco que, espero, habías reservado y lo introduces al horno, previamente calentado a 180ºC, calor arriba y abajo. Y dejas que se cocine durante 15 minutos.
Pasado el tiempo, da la vuelta al relleno para que se haga por los dos lados.

Si ves que está más seco que el kiosquero de la esquina cuando le dices buenos días y no te contesta, le puedes añadir más vino para que no se seque, a la carne y al kiosquero.

Cuando pasen otros 15 minutos y el relleno esté bien dorado, sabrás en tus entrañas, que la condenada carne estará completamente cocinada y ya podrás sacarla del horno.

Mientras tus vecinos muertos de envidia y admiración te aplauden por el patio interior, no queda más que retirar la redecilla ayudándote con unas tijeras y servirlo, cortándolo en rodajas de tamaño ración.

Lo que hagas a partir de ahora, ya es cosa tuya.

MOMENTO JODIDO - EVALÚA TU CRIATURA:

- INTRAGABLE. ☐
- EL MUNDO ESTABA MEJOR SIN ESTA BASURA. ☐
- TRIUNFO. FOTO Y A ENMARCAR. ☐

COULANT DE CHOCOLATE

(PARA 4 PERSONAS)

12 MOLDES PEQUEÑOS PARA HORNEAR LA MEZCLA
220G DE CHOCOLATE PARA FUNDIR
150G DE MANTEQUILLA
150G DE AZÚCAR
120G DE HARINA
3 HUEVOS + 1 YEMA
CACAO EN POLVO
1 PIZQUITA DE SAL

En una cazuela pequeña, coloca el chocolate y la mantequilla, ambos cortados en trozos no muy grandes. Ponla al baño maría, que parecía mentira cuando nos conocimos pero ahora ya sabes muy bien lo que es, y la dejas 5 minutos, removiendo de vez en cuando con una espátula hasta que todo se haya fundido, como los ahorros para tus vacaciones, por completo.

Retira y deja que se enfríe unos minutos. Lo ideal es que en este momento le cantes una saeta, pero con mucho sentimiento, no de cualquier manera.
Y no, no estás viviendo en Matrix, este comienzo chocolate-mantequilla-baño maría es el mismo de otra receta anterior y eso no hace que el libro sea más barato. Esto es una tomadura de pelo en toda regla.

En un bol grande pon los huevos... ¡más una yema! sí, vamos a dar un poco por saco y te dejo un huevo a medio utilizar que aportará cremosidad a la mezcla y pesadillas por la noche pensando qué narices puedes hacer con esa clara que se ha quedado colgada. Añade también el azúcar y bate con una varilla hasta que la mezcla sea homogénea y tus bíceps como rocas.

Hecho esto, añade a esta mezcla el chocolate fundido con la mantequilla. Remueve de nuevo hasta que todo quede bien integrado.

Cuando se haya integrado todo, hayas hablado con cada ingrediente y te hayas asegurado que se sienten cómodos, escuchados y formando parte de tu pequeña sociedad, añade también la harina.

Para que no queden grumos es preferible tamizarla, para lo que a estas alturas eres ya un experto, y remover según se va añadiendo.

Poco a poco la mezcla se irá espesando, pero que no cunda el pánico, el chocolate se fundirá perfectamente cuando se hornee.

Con la masa ya hecha, vas a preparar los recipientes. Para ello, unta todo el interior de cada molde con un poco de mantequilla y espolvorea con cacao en polvo por el fondo y las paredes. Así será más sencillo desmoldar los *coulants* y no viviremos momentos de verdadero desgarro y drama cuando se te rompan al desmoldarlos.

Añade la mezcla en los moldes, tápalos con papel de aluminio y los guardas en el congelador durante un par de horas.

Sí, es el momento que estabas esperando, saca las agujas y la lana y termina la bufanda que desde 1990 estás tejiendo a tu sobrino, que ya es director de un banco internacional.

Pasado el tiempo y con la satisfacción que producen las cosas bien hechas, precalienta el horno a 220ºC. La idea es calentar bien cada *coulant* para que se hagan bien por fuera y queden derretiditos por dentro. Es un momento crítico y lleno de tensión, no apto para gente de corazón delicado. Pero tú no tienes corazón, así que todo ok.

Cuando el horno esté caliente, retira el papel de aluminio y cogiendo impulso desde la esquina derecha de la casa, los introduces en el horno durante 10 – 15 minutos.

Dependiendo de la potencia, del tamaño y del tipo de horno pueden hacerse más rápido o un poco más despacio, por eso recomiendo vigilarlos muy de cerca y mirándolos con cara de desaprobación y desconfianza a partes iguales, como las señoras mayores miran a los chavales cuando se dan el lote por las calles.

No te voy a engañar en esto, en todo lo demás sí, pero los *coulants* son bastante puñeteros y les gusta jugar con tus ilusiones. Se han dado casos de presidentes de gobierno que renunciaron incluso a su cargo, con lo increíble que pueda que sonar esto, por no poder superar una hornada de *coulants* sin cuajar en su interior.

Ponte las gafas de 3D que robaste del cine y una vez que a través de ellas veas que el exterior está cuajado, los retiras del horno y les pasas un palillo o un cuchillito por los bordes para facilitar el desmoldado.

Si al hacerlo sale entero y por dentro el chocolate es líquido y cremoso sentirás un escalofrío indescriptible por la espalda y sabrás en tu fuero interno que tienes listo tu *coulant*. Si la úlcera de tu estómago te está avisando de algo malo y no las tienes todas contigo, sé un cobarde y saca sólo un *coulant* para comprobar cómo van las cosas en su interior, de este modo la cagarás con uno pero no con todos y el arcoiris saldrá por encima de los tejados de toda la ciudad.

Ahora, a zampar se ha dicho.

MOMENTO JODIDO - EVALÚA TU CRIATURA:

- INTRAGABLE. ☐
- EL MUNDO ESTABA MEJOR SIN ESTA BASURA. ☐
- TRIUNFO. FOTO Y A ENMARCAR. ☐

CREMA DE PUERROS

(PARA 4 PERSONAS)

4 PUERROS
1 CEBOLLA
1 PATATA
500 ML DE CALDO DE VERDURAS O DE POLLO
1 NUEZ DE MANTEQUILLA
150ML DE NATA PARA COCINAR
SAL Y PIMIENTA
ACEITE DE OLIVA

Hoy no había ningún pelo en la almohada, así que como continúas con los 45 pelos de tu cabellera intactos, te sientes bien, te sientes a toperrrr y con ganas de hacer una receta épica e inigualable: una acojonante crema de puerros.

En una olla grande, pon un chorrazo de aceite y caliéntalo a fuego medio. Márcate una bachata. Cuando esté hot, hot, hot! añade los puerros y la cebolla, todo ello picado, no me seas zoquete y una pizca de sal y de pimienta. Plantéate durante unos instantes el sentido de la vida y deja que se cocine durante 5 minutos. No te creas que tienes tiempo para mirar el jodido móvil porque tienes que estar removiendo esta mierda cada 2x3 si no te quieres cargar el plato.

¿Estamos?, pues sube el volumen y añade a la fiesta también la patata cortada en cuadrados pequeños, de 5,46 cms. x 6,48 cms. exactamente, si no, apaga y vámonos y monta un buen guirigay con todos los ingredientes, removiendo este desenfreno durante un par de minutos.

A continuación, hazme el maldito favor de añadir el caldo, procurando que las verduras queden bien cubiertas, pero no te pases o perderá la consistencia y te quedará un *aguachirri* que no se tomará ni tu jodido gato. Deja que todo se cocine durante 30 minutos, manteniendo la moral alta, el fuego medio y removiendo de vez en cuando. Aquí el que no remueve, no mama.

Pasado ese tiempo, retíralo del fuego y pasa el contenido a un vaso batidor, el jarrón del salón no vale, salvo que sea regalo de la tía Gertrudis y lo hayas odiado siempre, entonces es tu momento.

Bate con batidora eléctrica hasta que todo esté triturado y la textura sea bastante homogénea, grítale a la vecina: ¡detesto los malditos grumos! Ella te va a apoyar en esto. Si vas a invitar al jodido rey de Inglaterra puedes utilizar un pasapurés, para asegurarte del todo de que no quede ningún tropezón, que ya sabemos cómo se las gasta el Carlitos. Mete el dedazo y a ver a qué sabe el engrudo, si es necesario, corrige de sal y pimienta y devuélvelo a la olla.

Ahora, agárrate porque lo vas a calentar nuevamente a fuego suave, sí, este infierno no se acaba nunca. Añade la nata y la mantequilla y remueve hasta que se deshaga por completo.

Que no cunda el pánico, si la consistencia de tu sublime crema de puerros queda demasiado densa (como el cemento armado, vamos) puedes añadir un poco más de caldo. Y si por el contrario quedara demasiado líquida (como una *gilisopa*) puedes añadir más mantequilla o nata.

Eres un crack, lo has conseguido y te has ganado agarrar la cuchara y dar buena cuenta de tu escandalosamente rica crema de puerros como si no hubiese un mañana.

MOMENTO JODIDO - EVALÚA TU CRIATURA:

- INTRAGABLE. ☐
- EL MUNDO ESTABA MEJOR SIN ESTA BASURA. ☐
- TRIUNFO. FOTO Y A ENMARCAR. ☐

FIDEUÁ

(PARA 4 PERSONAS)

500 GRAMOS DE FIDEOS
MEDIO PIMIENTO ROJO
MEDIO PIMIENTO VERDE
2 CALAMARES
200 GRAMOS DE GAMBAS
CALDO DE PESCADO CASERO
AZAFRÁN O COLORANTE

Tras ponerte el imprescindible calzoncillo o braga en la cabeza y un calcetín en cada oreja estamos preparados para meterle mano a este clásico platazo de chuparse los dedos.

Comienza la receta de fideuá dorando los fideos en la paella, no es necesario que fundas el anillo de bodas, por dorar me refiero a ponerlos a fuego medio y darles vueltas poco a poco hasta que se vayan dorando. Una vez dorados a tu gusto los retiras y reservas.

En esa misma jodida paella, (que sí, que toda la vida llamándolo paellera y resulta que como en casi todo, estábamos equivocados, es paella) rehoga a fuego medio los pimientos, haciendo un buen sofrito. Pon un poco de sal al sofrito y a tu vida, que te veo últimamente un poco de capa caída.

Una vez lo has rehogado, añade los calamares limpios y cortados en trocitos. Ponte contra la pared y pregunta ¿quiénes somos?, ¿de dónde venimos?, ¿a dónde cojones vamos? y a continuación, deja que se hagan los calamares unos minutos.

Incorpora los fideos (o los específicos de fideuá, los gordotes o unos fideos de número 4), las gambas peladas, suponiendo que al pelarlas no te las hayas zampado todas y cubre con caldo de pescado casero o comprado, me temo.
La cantidad de caldo dependerá de los fideos que uses pero unos 500 ml suele ser suficiente. Si necesita más caldo se lo puedes añadir cociendo, la fideuá es una tía enrollada y menos puñetera que el arroz.

Agrega el azafrán o el colorante, dependiendo de si es fin de mes o acabas de cobrar y ea, a soñar con un mundo mejor mientras rezas por no cagarla (con el plato, con la vida ya me consta que sí).

Cuando esté listo lo dejas reposar unos 5 minutos y si todo ha ido ok, ya puedes hacerle la fotito de los cojones para subir al Instagram, dar envidia y luego comértelo todo en soledad porque en realidad ya sabemos que no tienes amigos.

Que yo sí te quiero, hombre.

MOMENTO JODIDO - EVALÚA TU CRIATURA:

- INTRAGABLE. ☐
- EL MUNDO ESTABA MEJOR SIN ESTA BASURA. ☐
- TRIUNFO. FOTO Y A ENMARCAR. ☐

FLAN DE HUEVO CASERO AL HORNO

(PARA 4 PERSONAS)

500ML DE LECHE ENTERA
4 HUEVOS ENTEROS
2 YEMAS DE HUEVO
250G DE AZÚCAR BLANCO
UNA CUCHARADA DE ZUMO DE LIMÓN

En esta sociedad totalmente absorbida por los móviles, los ordenadores y todo tipo de mierda tecnológica, a veces es más que necesario volver a las sensaciones viejunas y reconfortantes como las del sabor de un flan de huevo de toda la vida.
Y llenos de nostalgia y dolor de articulaciones, vamos a ponernos a ello.

En un bol echa los 4 huevos enteritos, las dos yemas y 150g del azúcar. Bate esto como si de ello dependiera el futuro de la humanidad y hasta que tenga una consistencia homogénea.
Después añade la leche que te han *dao* y mézclalo todo bien.

En otro cazo, pon los 100g restantes del azúcar blanco.

Agáchate sin doblar las rodilla intentando tocar el suelo con las manos y comprueba que, efectivamente, estás bastante cascado y el viejuno a día de hoy, ya eres tú, después, añade un poquito de agua, lo suficiente para que cubra el azúcar y añade también el zumo de limón, que sobre herida escuece menos que la verdad que acabas de descubrir.

Debes calentar la mezcla a fuego lento sin dejar de remover ni de preguntarte a dónde se han ido todos estos años y que debes retirar antes de que el caramelo se dore demasiado, ya que, al igual que te sigues haciendo mayor mientras duermes, el calor que retiene lo continuará cocinando.

Cuando el caramelo esté listo, échalo en el fondo de unas flaneras, o de los malditos recipientes que vayas a usar para cocinar el flan y después añade en ellas la mezcla que has preparado al principio.

Hecho esto, sírvete un lingotazo de whisky, da buena cuenta de él, pon agua en una bandeja de horno y pon encima las flaneras, evitando que el agua rebose, que te has creído Humphrey Bogart y el whisky en realidad te ha sentado como el culo y ya no sabes lo que te haces.

Cuando el horno esté precalentado a unos 190°C, introduce la bandeja y tapa los flanes con papel de aluminio, no creo que vayan a pasar precisamente frío dentro del horno pero el gesto de arroparlos te va a llenar de reconfortantes sentimientos.

Pasados unos 50 minutos, los flanes habrán cuajado y los podrás sacar del horno. Si puedes contenerte y no abalanzarte ya sobre ellos, lo suyo es que dejes que se enfríen antes de desmoldar.

Y si quieres ganarte la medalla de oro a la contención, un rato en la nevera hará que se te salten las lágrimas con el sabor de estos malditos flanes de toda la vida.

Te haces mayor, pero estos flanes que te has currado demuestran que aún tienes mucho que ofrecer a esta sociedad.

MOMENTO JODIDO - EVALÚA TU CRIATURA:

- INTRAGABLE. ☐
- EL MUNDO ESTABA MEJOR SIN ESTA BASURA. ☐
- TRIUNFO. FOTO Y A ENMARCAR. ☐

ROLLITOS DE PRIMAVERA AL HORNO

(PARA 4 PERSONAS)

HOJAS DE PASTA FILO O PAPEL DE ARROZ
500G DE BROTES DE SOJA DE BOTE
2 ZANAHORIAS
1 CEBOLLA
1/2 BERZA
100ML DE SALSA DE SOJA
2 DIENTES DE AJO
SAL
ACEITE DE OLIVA

En primer lugar lava la berza (y por favor, lava también los calcetines esos que están terminando con el oxígeno en la tierra) y los brotes de soja ayudándote con un colador para eliminar también el líquido restante. Corta la zanahoria y la cebolla en juliana (en tiras finas, no con la forma de Juliana, la dueña de la mercería) y pica la berza y los dientes de ajo.

Ahora mírate al espejo y graba en tu mente este momento porque no se va a repetir: vas a preparar el relleno de los rollitos primavera por primera vez.

Para ello añade un chorrito de aceite en una sartén amplia o si molas mucho, que me consta que sí, de wok y ponla a fuego fuerte. Añade primero la zanahoria junto con un poco de sal y saltéala. Como te veo con confianza y con ganas de hacer de este un día verdaderamente memorable, vas a hacerlo como los grandes chefs hacen: agarra la sartén por el mango y muévelo con un ligero impulso para que las verduras salten de alegría y alborozo.

Cuando se te hayan caído todas al suelo, las recoges rápido (ya sabes que si se rescatan rápido dicen que no han atrapado aún la mierda que tienes en el suelo de la cocina y con ella la enfermedad sin vacuna que ahí se ha creado) y lo devuelves a la sartén o wok y lo remueves con una cuchara de madera como hacemos el resto de mortales que no nos damos aires de nada y asumimos nuestros límites con humildad y resignación.

Pasados 2 ó 3 minutos, la zanahoria se habrá ablandado ligeramente, te sentirás algo decepcionado contigo mismo por el fracaso al saltear las verduras, lo que es normal y estaba totalmente previsto en la receta y podrás continuar.

Manteniendo el fuego fuerte, añade la berza, la cebolla, el ajo y los brotes de soja. Añade también un poco de sal y continúa salteando todas las verduras con frecuencia y, sobre todo, con humildad durante aproximadamente 10 minutos, hasta que todo se ablande y se dore por completo.

Ahora vas a añadirle la salsa de soja y a continuar salteando durante otros 5 minutos, hasta que el líquido de las verduras y la soja haya desaparecido de la sartén de la misma forma que tus amigos desaparecen cuando hay que pagar la cuenta. Eso significará que tienes que cambiar de amigos y que las verduras habrán absorbido el líquido y el sabor de la salsa, lo cual es bueno, es muy bueno.
Hecho esto apaga el fuego, coge un libro al azar, lee la primera frase del último capítulo y reserva tu mezcla *verduril* en un plato.

Listo el relleno, ha sido duro, pero estamos todos muy orgullosos de ti, vas a confeccionar los rollitos.

Para ello coloca la pasta filo sobre una superficie plana y encima de ella, en uno de los extremos, extiende algunas cucharadas del relleno. Dependiendo del tamaño de la pasta podrás añadir más o menos cantidad, pero haz el favor de no ser muy bestia y que no rebose o será imposible plegar el rollito.

Pliega sobre el relleno el extremo del rollito hasta que quede simplemente tapado y pliega las puntas hacia arriba sobre el relleno para que no se nos escape por los lados, un poco lo que haces cuando preparas los regalos de Navidad sólo que esta vez lo que hay dentro sí le va a gustar a alguien. Hecho esto gira el relleno hasta que se cierre por completo.

De esta forma obtendrás un cilindro con el relleno en su interior. Es el momento de hacer el pino puente con triple voltereta mortal. Eres sencillamente la leche.

Ahora llega lo fácil: coloca los rollitos sobre una bandeja de horno, forrada en el fondo con papel de hornear, y con un gracioso y rápido movimiento de muñecas, los introduces en el horno previamente calentado a 180º durante 15-20 minutos, hasta que se hayan dorado por completo.

Como te has ahorrado grasaza al hornearlos en vez de freírlos puedes zamparte sin remordimientos la bolsa de patatas fritas campesina que escondes debajo de la cama.

Sea como fuere, te has salido con estos rollitos y eso no lo podemos olvidar. Que aproveche.

MOMENTO JODIDO - EVALÚA TU CRIATURA:

- INTRAGABLE. ☐
- EL MUNDO ESTABA MEJOR SIN ESTA BASURA. ☐
- TRIUNFO. FOTO Y A ENMARCAR. ☐

LASAÑA DE PATATA Y POLLO

(PARA 4 PERSONAS)

500G DE PECHUGA DE POLLO PICADA
4 PATATAS GRANDES
1/2 CEBOLLA
1/2 PIMIENTO VERDE
500ML DE SALSA DE TOMATE
NATA PARA COCINAR
QUESO RALLADO
1 CUCHARADITA DE TOMILLO Y ROMERO
SAL Y PIMIENTA
ACEITE DE FREIR
ACEITE DE OLIVA

Una vez has sacado del armario, cepillado y quitado el olor de alcanfor de tu vestido de lagarterana y te lo has puesto, con toda la ceremonia que ese momento requiere, estás en condiciones de empezar este delicioso plato.

En primer lugar, vas a ponerte a cortar las patatas en láminas de unos 3-4 milímetros de grosor. Doy por hecho que en el proceso van a destruirse muchas patatas inocentes y te invito a que busques salidas dignas a este espectáculo dantesco, como por ejemplo reservarlas para hacer un puré de patatas o freírlas y comer lo que salga, que sé que cuando tienes gusa, tú te comes lo que sea.
En cualquier caso, cuando las tengas decentes, las vas a cocer en abundante agua con sal unos 8 minutos. Después las escurres y las reservas en un plato.

En una sartén grande, vas a hacer un sofrito de los que tanto te gustan, con el pollo y las verduras.
Para ello pondrás un chorrito de aceite a fuego medio y añadirás la cebolla y el pimiento verde bien picados con una pizca de sal. Allí los dejas abandonados a su suerte, sin una pizca de remordimiento (este es sin duda el plato más falto de empatía y cruel que vas a hacer esta semana) que se cocinen durante unos 5 minutos, removiendo de vez en cuando, pero mirándolos por encima del hombro porque eres ruin e insensible, hasta que se doren.

Manteniendo el fuego medio, añade el pollo, el tomillo, el romero, la sal, la pimienta, la niña, la pinta y por último la santa María y lo integras todo. Deja que se cocine durante otros 5 minutos removiendo de vez en cuando.

Es posible que en este momento te esté saliendo un ligero bigotito hitleriano y te estés empezando a asustar. No te preocupes, en cuanto el plato esté terminado, volverás a ser quien eras, una persona dulce y amorosa que ama las patatas y a todos los ingredientes del mundo.

Pasado el tiempo, añade la nata y la mitad de la salsa de tomate. Corrige de sal y remueve hasta que todos los ingredientes se hayan integrado. No los agobies y deja que se cocinen a su bola 5 minutos más y retira del fuego.

En un molde para lasaña añade unas cucharadas de tomate frito, reparte por toda la superficie del molde y coloca la primera capa de patata.
Vas a colocar las patatas de tal forma que no se amontonen, así que haz que saquen número, respeten la fila y a la patata con rulos que no se haga la loca que se está intentando colar y tú no vas a pasar ni una, ¡pues menudo eres con tú con tu bigote y todo!
La razón de tanto orden y de procurar que no se amontonen las patatas es para que, suponiendo que tengas algún día invitados y alguien se digne a cenar contigo, al cortar la lasaña puedan servir de ración y evitarás que se rompa al extraerla y crear un momento incómodo e humillante para todos.

Encima de las patatas coloca una capa del sofrito de pollo y por encima un poco del queso rallado. Con esto ya tendremos la primera capa de tu acojonante lasaña de patata y pollo. Muy emocionante.

Para el segundo piso y suponiendo que el ascensor no se haya estropeado, vuelve a colocar otra capa de patata, pero esta vez con el tomate por encima, y otra capa del sofrito.

Aunque se pueden añadir más, te aconsejo no hacer la lasaña de más de 2 ó 3 pisos para evitar que se te rompa a la hora de servir y otras incomodidades a las que ya nos hemos referido y que no quisiéramos volver a repetir.
Ahora bien, si tu sueño es crear la lasaña de patatas y pollo más alta del mundo, no seré yo quien acabe con tus sueños.

Cuando hayas acabado de montarla parda, añade una capa con el tomate restante y la introduces en el horno, previamente calentado a unos 180°C, durante 20 minutos.

Si todo ha salido bien, verás que el jodido bigote ha desaparecido y el traje de lagarterana te queda como nunca.

Disfruta tu momento.

MOMENTO JODIDO - EVALÚA TU CRIATURA:

- INTRAGABLE. ☐
- EL MUNDO ESTABA MEJOR SIN ESTA BASURA. ☐
- TRIUNFO. FOTO Y A ENMARCAR. ☐

TARTA DE QUESO Y FRESAS SIN HORNO

(PARA 4 PERSONAS)

250 G DE GALLETA DE AVENA
70 G DE MARGARINA O MANTEQUILLA
200 ML DE NATA LÍQUIDA PARA MONTAR
250 G DE QUESO MASCARPONE
1 Ó 2 CUCHARADAS SOPERAS DE AZÚCAR GLASS
RALLADURA DE UN LIMÓN
FRESAS

Esta es posiblemente la receta más rápida, más sencilla y a la par más deliciosa que te puedas echar a la cara. Por no necesitar, no necesitas ni horno, así te ahorras unas perrillas que puedes usar para invitarte a algo de una puñetera vez.

Como esto te ha puesto de muy buen humor, creo que es momento de desvestirte del todo, salvo los calcetines, como sueles hacer, y ponerte a limpiar la parte de arriba de los armarios, donde probablemente encontrarás varios insectos muertos, las bragas de aquella noche loca y los restos de la primera vez que cocinaste, cuando eras un desastre, no como ahora, que haces ya temblar los cimientos del emporio Adriá.

Después de descubrir estos maravillosos tesoros, te ves con ganas de elaborar esta dulce tarta y lo primero que vas a hacer es preparar la base de la misma.

Para esto tritura las galletas. Puedes hacerlo con una picadora, si eres de clase media, con la *Thermomix*, si eres de clase alta o medio alta o meterlas dentro de una bolsa y romperlas con un rodillo o una botella, si eres como yo, de clase *mecagoentusmuelasnotengoniun-putoduronunca*, la clase más frecuente al fin y al cabo.

Una vez trituradas, las mezclas bien con la mantequilla, que debe estar a temperatura ambiente.

Con la ayuda del dorso de una cuchara, cubre con esta mezcla la base y laterales de un molde, mejor desmontable.
Mételo en el frigorífico mientras preparas el resto y disfrutas de la relajación que te ha sobrevenido después de la escabechina de las galletas trituradas a botellazos.

Para preparar el relleno, monta la nata y una vez montada, incorpora el queso mascarpone, la ralladura de limón y el azúcar glass, que es ese polvo finito sobre el que estornudas constantemente y mezcla con suavidad y mimo con la ayuda de una espátula. Vierte esta maravilla sobre la base de galletas.

Llega el momento épico de poner por encima las fresas lavadas. Dependiendo del tamaño de las fresas (aunque algunos afirman sin que les tiemble la voz, que el tamaño no importa, ellos sabrán) puedes poner las pequeñas enteras y las más grandes, troceadas.

Guarda la niña de tus ojos en el frigorífico hasta el momento de servir o puedes prepararla también el día anterior a la orgía de azúcar y fresas que, independientemenete de tamaños, te mereces más que nadie.

¡Salud!

MOMENTO JODIDO - EVALÚA TU CRIATURA:

- INTRAGABLE. ☐
- EL MUNDO ESTABA MEJOR SIN ESTA BASURA. ☐
- TRIUNFO. FOTO Y A ENMARCAR. ☐

SOPA DE PESCADO

(PARA 4 PERSONAS)

4 LOMOS DE MERLUZA
250 GRAMOS DE ALMEJAS
500 GRAMOS DE MEJILLONES
1 SEPIA MEDIANA
500 GRAMOS DE GAMBAS PELADAS
1 PIMIENTO VERDE
1 PIMIENTO ROJO
1 CEBOLLA
2 AJOS
1 HOJA DE LAUREL
PEREJIL FRESCO
AZAFRÁN
FUMET DE PESCADO
SAL
PIMIENTA
1 CUCHARADITA DE PIMENTÓN DE LA VERA

Para hacer la sopa de pescado hay que ponerse un vestido largo de lentejuelas, tanto si eres hombre como mujer, pero sobre todo si eres hombre.

La caña es hacer un buen *fumet*, o lo que viene siendo un caldo de pescado, pero como no te quiero deprimir, que bastante tienes ya con lo tuyo, puedes comprar el *fumet* hecho.

En una cacerola vas a animar a los mejillones a que se abran y muestren su inigualable y delicioso interior. Para ello ponlos a cocer en un poco de agua, tápalos y en cuanto se abran, los retiras. El caldo lo reservas, que como dijo un sabio, aquí no se tira nada y lo incorporarás después a la sopa, dándole un toque de flipar.

En 20 hojas de papel escribe: "Deja de hacer eso que haces porque se te escucha todo". Mete cada uno en un sobre e introdúcelos en los casilleros de tus vecinos. El ambiente se tornará extraño en la comunidad y quizás más de uno incluso haga las maletas de un día para otro. Esta es tu extraña manera de divertirte. En realidad, el raro eres tú.

Tan raro que te vas a ver de pronto reflejado en el espejo haciendo el sofrito. Comienza pochando el ajo y las verduras a fuego lento durante unos 20 minutos, lo justo para abrir el vino y meterte la/s primera/s copa/s entre pecho y espalda.

Una vez pochadas las verduras, agrega la sepia limpia (espero de corazón que no hayas usado la lejía para eso) y cortada en trozos pequeños. Rehoga unos minutos. Brinda por todas las sepias del mundo y por tus vecinos y sus vicios secretos.

Añade una cucharada de pimentón de la Vera, aquí no hay concesiones o de la Vera o nada. 30 segundos después, si son 29 echas a perder la sopa y con ella, tu vida, incorpora el *fumet* de pescado que compraste porque te negaste a hacer uno por tu cuenta, el caldo de los mejillones, el azafrán, (se me olvidó mencionarte que debías ahorrar 4 meses para poder hacer esta receta) y las hierbas aromáticas.

Corta la merluza en trozos medianos y la incorporas.

En un triple salto mortal echa también las almejas y las gambas peladas. Se harán en unos 8 minutos más o menos.

Del patio interior llega un rumor de cuchicheos y las cortinas dejan entrever miradas furtivas y llenas de interrogantes.

Incorpora, antes de servir, los mejillones, sin las barbas, por favor, afeitaditos y más limpios que un niño el día de su comunión.

Puedes hacer la sopa con fideos o con arroz, lo que más rabia te dé. También se puede servir sola pero algo me dice que esa opción ni la barajas.

Disfruta, que el ambiente está raro y algo está a punto de suceder.

MOMENTO JODIDO - EVALÚA TU CRIATURA:

- INTRAGABLE. ☐
- EL MUNDO ESTABA MEJOR SIN ESTA BASURA. ☐
- TRIUNFO. FOTO Y A ENMARCAR. ☐

BROCHETAS DE SOLOMILLO DE CERDO AL ESTILO TANDOORI

(PARA 3 PERSONAS)

1/2 SOLOMILLO DE CERDO
1 YOGUR GRIEGO
1 DIENTE DE AJO
1 TROCITO DE JENGIBRE FRESCO
2 RAMAS DE CILANTRO
2 CUCHARADAS SOPERAS DE PIMENTÓN PICANTE
1 CUCHARADA DE COMINO MOLIDO
UN CHORREÓN DE ZUMO DE LIMA
ARROZ BASMATI PARA GUARNICIÓN

Presiento que esta receta va a sacar lo mejor de ti pero también lo peor, así que baja las persianas, corre las cortinas, este momento no debe quedar grabado, es algo entre tú, el solomillo y el misterio de la vida.

Corta el jodido solomillo de cerdo en trozos pequeños, échale un poco de sal, no te pases que tienes que llegar a los 100 años y ver si como sospechamos, los carritos del súper dominan el mundo.

Pon los trozos de tu solomillo en un bol.
En un cuenco, mezcla un yogur espesote tipo griego sin azucarar, con una mezcla de especias y hierbas aromáticas, no, la marihuana que guardas en la nevera, mejor para después de comerte el plato. Para este momento apuesta por un diente de ajo muy picado, 2 ramas de cilantro, 2 cucharadas soperas de pimentón picante y una de comino molido. El comino es lo que hay en ese tarro que está caducado desde el 1988 que tienes en la estantería de la cocina.

Mézclalo bien y añade el jengibre rallado y el zumo de limón - si es que te sobró alguno de los gin tonics de anoche-.

Después cubre la gloriosa carne con la salsa resultante y déjala macerar para que se impregne bien de los sabores. Para cantar bingo, cubre con un plástico de cocina el bol de carne con la salsa y déjalo en la nevera durante unas 3 horas.

Después de haberte bajado al bar de abajo y volver un poco pedo con las cañas que te has pimplado, es el momento de ensartar los trozacos de carne en brochetas de madera y ponerlas en una fuente que no se derrita cuando la metes en el horno.

Sí, eres más chulo que un ocho y las vas a cocinar en el grill o el gratinatoooor para que el calor potencie el sabor de las especias. Se formará una costra (pero una rica, no como las que te arrancas de la rodilla) llena de sabor, que encerrará una carne tierna y jugosa. Esto te está poniendo un poco, reconócelo.

Gratina a 220º durante cinco minutos y da la vuelta a las brochetas para dorarlas por el otro lado.
Como eres un poco gocho, barniza con más adobo al dar la vuelta a la carne.

Mientras se va dorando la carne, no te apalanques y aprovecha para cocer una taza de arroz basmati que estará listo en unos 10 minutos y que irá de coña como guarnición para estas súper brochetas que te acabas de currar.

Servir y ¡a gossssar!

MOMENTO JODIDO - EVALÚA TU CRIATURA:

- INTRAGABLE. ☐
- EL MUNDO ESTABA MEJOR SIN ESTA BASURA. ☐
- TRIUNFO. FOTO Y A ENMARCAR. ☐

TIRAMISÚ

(PARA 4 PERSONAS)

450G QUESO MASCARPONE
160G AZÚCAR
7 YEMAS DE HUEVO
3 CLARAS DE HUEVO
CACAO PURO EN POLVO
250G CAFÉ
200G BIZCOCHOS DE SOLETILLA
100G UNA COPITA DE BRANDY (OPCIONAL)

Aviso: esta receta es agotadora. Recomiendo realizarla únicamente en días pares y con luna creciente.

Prepara el café y deja que se enfríe.
Primer momento agotador: monta las claras a punto de nieve, que si nunca lo has hecho, ahora es cuando vas a ver que la fama cuesta y que aquí es donde vas a empezar a pagar.
Después de la paliza, reserva en la nevera las claras, y tu antebrazo.

Tras una ducha y cambio de ropa por la sudada, vas a hacer la crema de mascarpone y a seguir castigando tu antebrazo y tu paciencia porque en otro cuenco vas a montar las yemas junto con el azúcar hasta triplicar su volumen (ay si tus ahorros se triplicaran así de fácil...) y después vas a añadir el queso mascarpone poco a poco hasta conseguir una masa suave, sin grumos y esponjosa.

Baja al trastero, ponte frente a la bici estática que te compraste hace cinco años y dile mirándole a la cara que jamás la vas a usar y que es, junto con la eleccion de tu carrera profesional, el mayor error de tu vida. Ea. Al fin te encaraste con ella. ¡Valiente!

Incorpora las claras a punto de nieve con movimientos envolventes y sensuales hasta unir perfectamente todos los ingrediente. Reserva. Haz 100 sentadillas y da 200 coces de burro al aire. Manda así un mensaje potente a tu bici, mostrándole que no la necesitas para nada. Enséñale quien manda aquí.

Al cabo de dos días o los que te haya llevado hacer esos simples ejercicios, procede por fin al montaje del tiramisú en capas:

Vierte un poco de café en un recipiente y un poquito de brandy (opcional pero vamos, que sé que tú no dejas pasar esta oportunidad), y ve bañando poco a poco los bizcochos de soletilla. Monta una primera capa con los bizcochos en el molde que hayas elegido.

Cubre con la mitad de la crema que tienes reservada y sobre la crema vuelve a añadir más bizcochos de soletilla previamente *encafetados* y *brandizados*, más o menos como sueles ir tú por la vida.

Por último añade la crema restante y espolvorea cacao en polvo sobre toda la superficie del tiramisú.

Llévalo a la nevera mínimo 4 horas, aunque si vas para matrícula de honor, déjalo durante toda la noche para que los sabores se asienten.

Terminarás agotado y mañana con agujetas, pero verás que todo esto ha merecido la pena.

MOMENTO JODIDO - EVALÚA TU CRIATURA:

- INTRAGABLE. ☐
- EL MUNDO ESTABA MEJOR SIN ESTA BASURA. ☐
- TRIUNFO. FOTO Y A ENMARCAR. ☐

ENSALADA DE GARBANZOS Y BACALAO

(PARA 4 PERSONAS)

600 GRS. DE GARBANZOS
1 CEBOLLETA
1 PIMIENTO DE LATA
1/2 AJO
BACALAO DESALADO
4 HUEVOS
ACEITE
VINAGRE DE MÓDENA
SAL

Quédate en bolas y ponte el delantal, hay platos que requieren cierto protocolo.

Pon a cocer los condenados garbanzos en la olla el tiempo que pida cada marca, aquí sí que no me quiero mojar, (si te ha pillado el toro como siempre, utiliza los ya cocidos) escúrrelos y colócalos en una ensaladera.

Mira tus garbanzos con cariño paternal y pon nombre a cada uno de ellos. Es lo menos que puedes hacer.

Llevas toda tu vida esperándolo y hoy por fin vas a partir el jodido bacalao, pero de verdad, en tiras finas. Después de este merecido momento de gloria, déjalo unos minutos en agua.

Cuece los huevos.

Después de echar una guerra a ver quién aguanta más tiempo sin pestañear contra ti mismo frente al espejo y haberte destrozado los ojos porque tienes muy mal perder y a ti no te gana nadie, haz una vinagreta con el pimiento, la cebolla, el ajo, el aceite, el vinagre y la sal (si lo quieres muy pasado, usa la batidora).

Márcate un triple y junta los garbanzos con el bacalao bien escurrido, con los huevos picados y echa por encima la salsa vinagreta que te has currado con tanto mimo y dedicación.

Échate colirio en los ojos.

Comprueba de sal y añade un poco de pimienta recién molida (ya sabes lo que me gusta tocarte las narices).

Mete en la nevera un rato tu obra maestra, termínate la botella de vino que abriste hace media hora con la excusa de que has tenido un día muy duro y cuando te entre la gusa, zámpatelo frío.

Molas.

MOMENTO JODIDO - EVALÚA TU CRIATURA:

- INTRAGABLE. ☐
- EL MUNDO ESTABA MEJOR SIN ESTA BASURA. ☐
- TRIUNFO. FOTO Y A ENMARCAR. ☐

SALMÓN EN SALSA VERDE

(PARA 4 PERSONAS)

1 LOMO DE SALMÓN ENTERO
4 DIENTES DE AJO
PEREJIL FRESCO
200ML DE VINO BLANCO
1 CUCHARADA DE HARINA
100G DE ALMEJAS
100G DE GUISANTES
SAL Y PIMIENTA
ACEITE DE OLIVA

Esta es de esas recetas que te cambian la vida, que uno pensaba que no sería capaz, que no has recibido la educación adecuada para ello, que está reservado sólo para unos pocos, para unos privilegiados, pues no, te voy a demostrar que cuando te levantas del sofá y dejas de tocarte las narices eres capaz de muchas cosas. De este salmón en salsa verde, también. Vamos a darle caña:

Corta y limpia el lomo de salmón en 4 partes del mismo tamaño, ni un milímetro de más ni un milímetro de menos, y salpimenta.
En una sartén más hermosa que tu trasero y antiadherente, hazme caso aquí, merece la pena gastarte un poco de pasta más y que todos tus esfuerzos no acaben en grumos negros en la basura, pon un chorrito de aceite a fuego fuerte. Cuando esté más caliente que el asfalto de Madrid en agosto, añade los lomos de salmón.
Deja que se diviertan y se cocinen 2 minutos por cada cara y los reservas en un plato. Con este paso previo sellaremos el salmón, que conservará todos sus jugos cuando lo acabes de cocinar. Antes no sabías lo que era sellar y ahora parece que toda tu vida gira en torno al sellado. De nada.

En la misma sartén, que ya que te has gastado el dinero en una antiadherente hay que sacarle provecho, a fuego medio, añade un chorro generoso de aceite, que sí, que hay que vivir como si nos saliera el dinero por las orejas, chorro de aceite ge-ne-ro-so. Añade el ajo bien picado (¿qué tal te huelen las manitas? a gloria, ¿no?), junto con una buena cantidad de perejil, también picado muy fino. Deja que se cocine 3 minutos, removiendo con frecuencia. Suspira hondo, saca toda la mierda fuera. Así.

Momento de tensión, de los que nos gustan a ti y a mí: añade el vino blanco. Deja que hierva 2 minutos y remueve. En ese tiempo el vino habrá evaporado el alcohol, la vida será más gris y monótona pero tu hígado sonreirá aliviado mientras unas campanas lejanas repiquetean suavemente en la campiña. Ya puedes continuar.

Ahora añade la harina y remueve bien hasta que se haya integrado. En este momento, si las cosas van bien y no te has bebido ya el resto de la botella de vino blanco y estás en pelotas bailando sobre la encimera, se habrá formado una salsa un tanto espesa. Añade un poco de sal y deja que se cocine otros 2 minutos, removiendo con frecuencia, que la antiadherente funciona pero necesita tu ayuda. Pasado ese tiempo añade agua hasta que obtengas el espesor deseado, ni demasiado suave ni demasiado densa. Ay, qué difícil es encontrar el equilibrio en esta miserable vida...

Vuelve a suspirar hondo y expulsar toda tu mierda y añade los guisantes junto con los lomos de salmón que habías reservado y los jugos que hayan soltado en el plato. Corrige de sal y deja que se cocinen durante 5 minutos.

Pasado ese tiempo añade las almejas y deja que todo se cocine durante 5 minutos más (esta receta es como tú cuando suena el despertador y empieza tu cantinela de 5 minutitos más...).

Sírvelo en platos y decora con un poco más de perejil fresco.

Hemos sufrido, hemos tropezado varias veces en la vida y con los muebles de la cocina pero por fin todo se coloca en su sitio y te vas a comer un plato de chuparse los dedos.

MOMENTO JODIDO - EVALÚA TU CRIATURA:

- INTRAGABLE. ☐
- EL MUNDO ESTABA MEJOR SIN ESTA BASURA. ☐
- TRIUNFO. FOTO Y A ENMARCAR. ☐

TARTA DE QUESO JAPONESA

(PARA 4 PERSONAS)

6 HUEVOS
250G DE QUESO CREMA
250G DE CHOCOLATE BLANCO

Lo primero es que separes dos cosas, a los vecinos que se están dando de leches por aquella deuda nunca saldada y las claras de las yemas de los huevos. Reserva ambas partes del huevo, las claras en un recipiente alto, como una cazuela y las yemas en un plato.

Derrite el chocolate. Para ello puedes hacerlo en el microondas, dándole a máxima potencia 15 segundos, removiendo y volviéndolo a meter, hasta que esté derretido o, como más te gusta, al baño maría.

Llama a tu jefe y dile que muchas gracias por su atención pero buenas noches. Aguanta el silencio incómodo que se va a producir todo el tiempo que puedas. Si al salir de su desconcierto tu jefe te pregunta qué cojones te pasa, responde pausadamente que en realidad es que, como ya sospechaba, le odias y por ese motivo mañana ya no irás a trabajar y vas a comenzar el sueño de tu vida: tener un criadero de ranas.
Cuelga. Te sientes ligero y a gusto en tu piel. Por fin estás donde querías estar: a punto de cagarla del todo.

Con esa certeza, pon el chocolate fundido en un bol y añade el queso crema. Mézclalo bien hasta que queden perfectamente integrados ambos ingredientes

Añade las yemas de los huevos. Mezcla bien con la masa anterior. Amas a las ranas, siempre las has amado. Ya no te importa que la sociedad no te entienda. Es tu vida.

Monta las claras de los huevos a punto de nieve. Una vez montadas, añade la mitad del punto de nieve a la masa.

Mezcla con una cuchara, haciendo movimientos envolventes y cómo no, dando saltos de rana de izquierda a derecha consecutivamente, el tiempo que estimes necesario. Cuando quede todo bien integrado, añade el resto del punto de nieve.
Vuelve a mezclar con movimientos envolventes. Esta receta en realidad es un verdadero coñazo pero aún así ya ves que ha cambiado tu vida y aunque sólo sea por eso, la debes terminar.

Forra con papel de horno el fondo de un molde desmontable para tartas. Uno de 18 ó 20cm estará bien. Vierte la mezcla dentro del molde forrado.

Mírate las manos, sí, ya son ancas de rana, todo empieza a encajar, te criarás a ti mismo junto al resto de las ranas. Ya nunca más estarás solo. El corazón se te sale del pecho de tanta felicidad.

Introduce tu casi-tarta en el horno previamente calentado a unos 170ºC. Deja hornear 35 minutos hasta que la masa haya subido y haya tomado cierto color tostado.
Ya estás croando y algún vecino te manda callar. Tú ni caso.

Retira del horno y espera 10 minutos. Desmolda y dejar enfriar completamente antes de servir.

Opcionalmente, puedes espolvorear por encima con azúcar glass. Será el elemento decorativo y la guinda a este final de receta y comienzo de una nueva y maravillosa vida.

Sí, en el próximo libro, prepararemos juntos ancas de rana.

MOMENTO JODIDO - EVALÚA TU CRIATURA:

- INTRAGABLE. ☐
- EL MUNDO ESTABA MEJOR SIN ESTA BASURA. ☐
- TRIUNFO. FOTO Y A ENMARCAR. ☐

ENSALADA DE SALMON AHUMADO

(PARA 4 PERSONAS)

LECHUGA ROBLE Y LECHUGA ROMANA
300G DE SALMÓN AHUMADO EN LONCHAS
2 CEBOLLAS
ENELDO PICADO
VINAGRE BALSÁMICO DE MÓDENA
SAL
ACEITE DE OLIVA

Te aviso desde ya porque luego no quiero represalias. Te habías hecho la ilusión de que al ser una ensalada esto iba a estar en un pispás y no.

Algunas cosas requieren su tiempo y su cariño y esta ensalada de salmón ahumado te va a dar por saco pero bien. ¿Y todo se lo debemos a quién? A la jodida cebolla caramelizada.
Así que empieza cuanto antes, que tu estomago está rugiendo y ya sabemos que cuando tienes hambre no hay quien te aguante.

Con la ilusión de un colegial que empieza un nuevo día en la escuela, es decir, ninguna, corta la cebolla en juliana, ya sabes, en tiras finas.

En una olla pequeña echa un poco de aceite de oliva a calentar a fuego suave y añade la cebolla ya picada.

Añade una pizca de sal y deja cocinar, siempre a fuego suave, en torno a 1 hora, sí, has leído bien, removiendo con cierta frecuencia, lo cual hace del plato aún mas toca pelotas porque no te puedes bajar a tomar unas cañas, tienes que estar ahí al pie del cañón.

Según va pasando el tiempo, verás cómo la cebolla va dorándose hasta tornarse de un color marrón dorado, probablemente la cosa más acojonante que has visto en tu vida. Es lo bueno de llevar una vida tan aburrida como la tuya, que cualquier cosa es fascinante.

Al final, de igual modo que la mariposa sale de la crisálida, tu cebolla, fea y transparente, se habrá caramelizado por completo, momento en el que la retiras, te secas las lágrimas y la dejas enfriar.

Ayer era una cebolla corriente, hoy se ha caramelizado. El tiempo pasa y nos hacemos mayores, de pronto te invade una terrible nostalgia. La excusa perfecta para abrir por fin el vino.

Mientras se cocina y te planteas cuestiones del pasado no resueltas, cortas el salmón ahumado en tiras cortas y finas. Deben de tener aproximadamente 1cm de grosor y 5cm de largo, recuerda, es la receta toca pelotas y lo será hasta el final. Si lo prefieres y necesitas sentir sensaciones perdidas hace mucho, puedes desmigar el salmón con las manos. Venga, saca tu lado más salvaje.

Hecho esto vas a montar la ensalada.
Limpia las lechugas con agua y corta las hojas rompiéndolas con las manos también. Estás en contacto con tu yo primigenio, con tu yo más visceral y auténtico y es posible que estés ya subido a la mesa de la cocina, destrozando la lechuga con un hueso gigante en la mano y con la música de *2001 Odisea en el Espacio* de fondo. Lo sé, es una receta totalmente catártica.

En una ensaladera coloca las hojas de lechuga. Repartida por encima de ellas, pon la maldita cebolla caramelizada y añade también el salmón ahumado.

Aliña la ensalada con un poco de aceite de oliva y el vinagre balsámico de Módena, al que todos tenemos mucha manía pero que por una razón u otra no podemos dejar de usar, extendiendo hileras por su superficie pero sin excederte, que cuando te lanzas no tienes medida, y tienes que evitar que su sabor ahogue el de los ingredientes.

Añade también una pizca de sal y el eneldo picado, que acabará de darle un toque muy sabroso y *tocapelotista* total a la ensalada.

MOMENTO JODIDO - EVALÚA TU CRIATURA:

- INTRAGABLE. ☐
- EL MUNDO ESTABA MEJOR SIN ESTA BASURA. ☐
- TRIUNFO. FOTO Y A ENMARCAR. ☐

CALAMARES EN SALSA

(PARA 4 PERSONAS)

1 KILO DE CALAMARES
1 LATA GRANDE DE TOMATE EN TROZOS
2 CEBOLLA
4 DIENTES DE AJO
1 PIMIENTO ROJO
1 COPA DE COÑAC O VERMÚ
1 VASO DE AGUA
1 GUINDILLA CAYENA
SAL

Comienza la elaboración de este delicioso plato con la cabeza bien alta, los hombros hacia atrás y haciendo un buen sofrito o lo que es lo mismo, pochando a fuego medio los ajos, la cebolla y el pimiento durante unos 20 minutos.

Después, agrega el tomate triturado y rehoga unos 15 minutos. Sin comerlo (aún) ni beberlo (eso sí que lo dudo) has consumido 35 maravillosos minutos de tu vida que ya no volverán.
Párate a pensar un rato en ello.

Sí, la vida se te escapa de las manos y ahora es un momento único y memorable: el de agregar las anillas de calamar. Lo mejor es que le pidas a tu pescader@ de confianza si se puede tirar el rollo y te puede limpiar los calamares, si no puede por falta de tiempo, porque no le sale de las narices o porque aún le debes los langostinos que pillaste la navidad pasada, estás jodido, amigo, porque limpiarlos es un coñazo.
Pero no quiero saber cómo sales de esta y doy por hecho que de un modo u otro, los tienes limpios y relucientes, una vez así, corta los calamares en anillas.

Agrégalos al sofrito y rehoga.

Ahora viene un momento delicado en el que te pido contención y autocontrol. Por favor, incorpora el coñac o el vermú. No te lo bebas, repito: no te lo bebas y deja que se evapore bien el alcohol.

Sí, ya lo habíamos hablado, hay cosas en la vida que carecen de sentido y esta receta te plantea muchas cuestiones.

Para superar los nervios y la tensión, échate un vasito de agua a la cara y otro a los calamares, en serio, échaselo, añade también la cayena y déjalo cocinar todo a fuego lento durante 20 minutos.

Mete tu hermoso dedazo en la cazuela para ver el tema de la sal y listo.

¿Ves como al final no ha sido para tanto?

MOMENTO JODIDO - EVALÚA TU CRIATURA:

- INTRAGABLE. ☐
- EL MUNDO ESTABA MEJOR SIN ESTA BASURA. ☐
- TRIUNFO. FOTO Y A ENMARCAR. ☐

BIZCOCHO DE CALABAZA

(PARA 4 PERSONAS)

4 HUEVOS
100G DE AZÚCAR
200G DE HARINA DE REPOSTERÍA
200G DE CALABAZA
LEVADURA QUÍMICA
JENJIBRE

1 CUCHARADITA DE CANELA MOLIDA
1 CUCHARADITA DE ESENCIA DE VAINILLA
UN PUÑADO DE PIÑONES, NUECES, ALMENDRAS...
MANTEQUILLA
ACEITE
SAL

La vida es dura y sé que con cierta frecuencia, más de la que esperabas, (¡con lo mono que eras de pequeño!), te dan calabazas... pero como aquí aprovechamos todo y queremos que tengas siempre la última palabra, vas a pillar toooodas las calabazas que tienes, que calculo que deben ser millones y crear otros tantos millones de bizcochos de calabaza que repartirás por el mundo de forma totalmente altruista, de tal modo que captarás la atención de los medios, saldrás en todos los televisores y los imbéciles que te dieron calabazas, te verán bajo el irresistible foco de la fama y se arrepentirán tremendamente de haber dado boleto a alguien tan maravilloso como tú pero ay, su tiempo ha pasado, tú ya estás a otra cosa y miles de fans aporrearán tu puerta ansiosos por ser esa persona especial en tu vida, cuya foto llevas en la cartera.

Te dejo que disfrutes un poco con esta vision y cuando bajes a la Tierra, empezamos.

En un bol, pon los 4 malditos huevos llenos de realidad y corazones rotos.
Mientras suspiras melancólicamente, bátelos brevemente con una varilla y después añade el azúcar -que puede ser blanco o moreno, sé que ahora mismo todo te da igual, pero vas a salir de esta-.

Para animarte un poco, ahora sí que bátelo todo bien y mezcla ambos ingredientes, con garra, con saber estar, con la cabeza bien alta y llena de ilusiones que se van a cumplir, ¡pues claro que sí!

Añade el aceite, ingrediente que va a dar mucha jugosidad al bizcocho y que va a insuflar un nuevo aire en tu vida, una sensación de que las cosas malas se quedaron atrás y de que a partir de ahora el camino estará lleno de flores y risas. Con ese espíritu, vuelve a mezclar bien todo.

Ahora sobre el bol pon un colador. Dentro de éste echa la harina y la levadura. Dá unos ligeros toquecitos al colador, para tamizar la harina, que sé que lo de tamizar te mola, e ir introduciéndola con el resto de ingredientes. Vuelve a mezclar nuevamente todo, hasta que te quede una masa homogénea, sin grumos, sin tropezones, como va a ser tu vida amorosa a partir de ahora. No queremos grumos, no queremos corazones rotos, queremos que te quieran, y mucho. Y así va a ser, maldita sea.

Introduce el resto de ingredientes. La calabaza rallada (espero que mientras la rallabas tuvieses en mente a esos gilis que pasaron de ti, es la mejor parte de toda la receta), los frutos secos, la cucharadita de esencia de vainilla y de canela y el jenjibre rallado. Vuelve a mezclar nuevamente todo.

Vierte todo ese follón dentro de un molde para bizcochos previamente untado en mantequilla, a estas alturas no hace falta que te diga que es para evitar que el bizcocho se pegue a él como te pegabas tú a la botella de ginebra durante esas rupturas amorosas de las que ahora estamos consiguiendo salir gracias a esta receta.

Introduce este mejunje lleno de ilusiones que vuelven a brotar en el horno previamente calentado a 180ºC, calor arriba y abajo. Déjalo ahí en torno a 35 minutos, hasta que puedas introducir tu ya famoso palillo y éste salga limpio y reluciente .

Sácalo del horno y deja que se atempere un poco. Después desmolda y colócalo en una rejilla. Déjalo ahí hasta que se enfríe completamente.

Has sufrido, has vivido una montaña rusa de sentimientos pero ahora, aunque son las once de la noche, un rayo de sol ilumina una esquina de la habitación y un pájaro canta, sin apenas desafinar, una canción de Los Panchos.

Tú mientras estás ya a lo tuyo, como siempre, y no dejas ni miga del bizcocho que acabas de hacer. El primero de miles. Sonríes.

MOMENTO JODIDO - EVALÚA TU CRIATURA:

- INTRAGABLE ☐
- EL MUNDO ESTABA MEJOR SIN ESTA BASURA ☐
- TRIUNFO. FOTO Y A ENMARCAR ☐

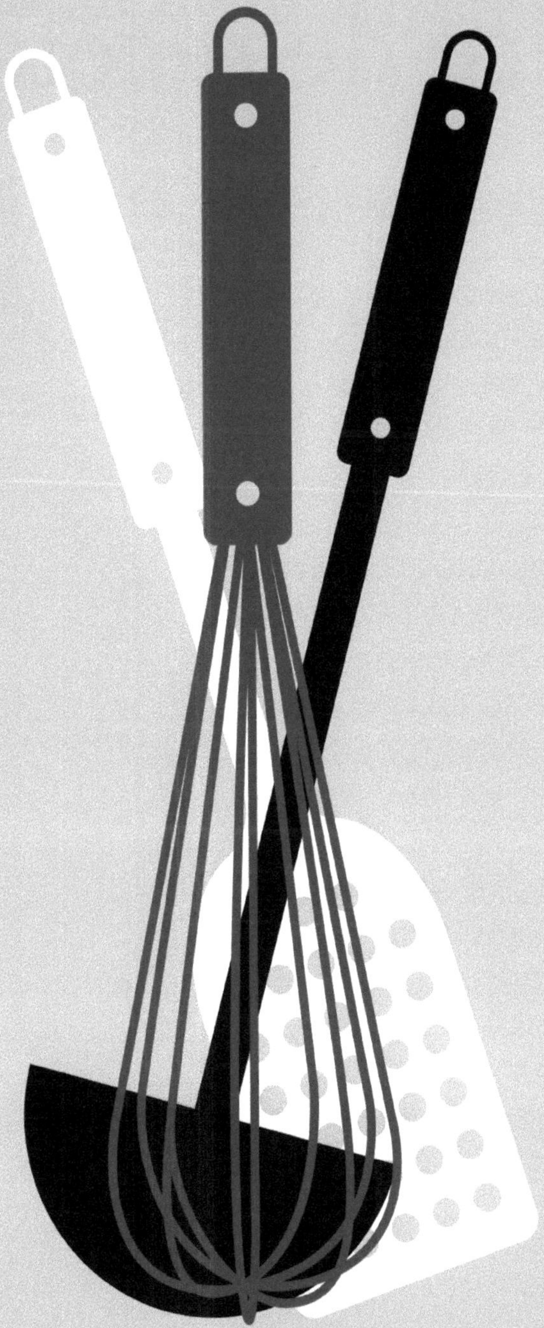

Índice de recetas: